AF356661

COMMISSAIRES-PRISEURS DE MARSEILLE

Hôtel des Ventes : rue Grignan, 53

CATALOGUE

DE

Meubles anciens, Bronzes,

Porcelaines, Faïences, Bibelots, Tableaux,

Dessins et Gravures,

formant la 1re partie de la collection

de M. L. A.

DONT LA VENTE AURA LIEU, POUR CAUSE DE DÉPART

Les Mercredi 11, Jeudi 12, Vendredi 13 et Samedi 14
Novembre, à 3 heures

PAR LE MINISTÈRE DE

Me CHASSEN, Commissaire-priseur

ASSISTÉ DE

M. Ch. DALBON, Expert

2, Quai du Canal, 2

MARSEILLE

IMPRIMERIE SAMAT et Cie

Quai du Canal, 15

—

1896

COMMISSAIRES-PRISEURS DE MARSEILLE

Hôtel des Ventes : rue Grignan, 53

CATALOGUE

DE

Meubles anciens, Bronzes,

Porcelaines, Faïences, Bibelots, Tableaux,

Dessins et Gravures,

formant la 1re partie de la collection

de M. L. A.

DONT LA VENTE AURA LIEU, POUR CAUSE DE DÉPART

Les Mercredi 11, Jeudi 12, Vendredi 13 et Samedi 14

Novembre, à 3 heures

PAR LE MINISTÈRE DE

Me CHASSEN, Commissaire-priseur

ASSISTÉ DE

M. Ch. DALBON, Expert

2, Quai du Canal, 2

MARSEILLE

IMPRIMERIE SAMAT et Cie

Quai du Canal, 15

—

1896

EXPOSITION PUBLIQUE

*Lundi 9 et Mardi 10 Novembre, de 9 h. à midi et de 2 h.
à 6 h. et les matins des jours de vente*

ORDRE DES VACATIONS

Mercredi 11 Novembre. — **Meubles anciens, de 1 à 59**

Jeudi 12 Novembre. — **Bronzes, fers, bibelots, de 60 à 123.**

Vendredi 13 Novembre. — **Faïences, bois, terres cuites, etc., de 124 à 203.**

Samedi 14 Novembre. — **Tableaux, dessins et gravures, de 204 à 282.**

CONDITIONS DE LA VENTE

On suivra l'ordre du Catalogue.

Elle sera faite au comptant.

Les acquéreurs paieront 6 o|o en plus des prix d'adjudication.

Tout les objets sont vendus sans garantie,

L'exposition mettant le public à même de se rendre compte de l'état des objets, aucune réclamation ne sera admise une fois l'adjudication prononcée.

M. Ch. DALBON, expert, remplira les commissions des personnes qui ne pourraient assister à la Vente.

COMMISSAIRES-PRISEURS DE MARSEILLE

Hôtel des Ventes : rue Grignan, 53

CATALOGUE

DE

Meubles anciens, Bronzes, Porcelaines, Faïences,

Bibelots, Tableaux, Dessins & Gravures,

formant la 1re partie de la collection de M. L. A.

MEUBLES

1 **Bahut Louis XIII,** en deux corps, frises et pilastres sculptés, cariatides et mascarons, bois de noyer.
2 **Bureau Richelieu** de forme contournée, pieds à balustres, bois de noyer.
3 **Cheminée Louis XIV,** bois de noyer sculpté.
4 **Table Henri II,** à colonnettes cannelées, rinceaux et motifs sculptés (très beau spécimen).
5 **Table Henri II,** à balustres et à moulures.
6 **Commode Louis XVI,** marqueterie en losanges, garniture bronze.
7 **Commode Louis XVI,** cintrée, en bois d'acajou.
8 **Console Louis XV,** bois sculpté et doré, dessus marbre gris.

9 **Belle console Louis XIV,** bois sculpté et doré, mascarons et rinceaux, pieds de biche.

10 **Table toilette Louis XVI,** marqueterie en losanges de bois de rose et de violette.

11 **Table d'appui Régence,** bois sculpté et doré, marbre granité.

12 **Petit meuble Psyché,** bois sculpté ; renaissance italienne.

13 **Vitrine Louis XVI,** sur table, bois d'acajou, garnie d'étoffes anciennes.

14 **Bureau de Voyage Louis XV,** bois d'acajou.

15 **Table bureau Louis XVI,** à bascule et écran, bois de cerisier.

16 **Petite table Directoire,** à trois pieds cannelés, garnis de cuivre.

17 **Petite table Louis XVI,** à un pied à crans.

18 **Table étagère Louis XVI,** dessus marbre.

19 **Tabouret Louis XV,** bois de noyer sculpté, à guirlandes.

20 **Console Empire,** bois d'acajou, cariatides, bustes de faunes.

21 **Glace Louis XVI,** bois sculpté et doré, fronton à urne, ornements de feuilles de laurier, chêne et vigne.

22 **Grande glace Louis XV,** bois sculpté et doré.

23 **Glace à trumeau Louis XVI,** bois sculpté et doré.

24 **Jolie glace Louis XVI,** fronton avec attributs de l'Amour et pendentifs.

25 **Encoignures Louis XVI,** marquetées bois de rose et palissandre.

26 **Glace Louis XV,** bois sculpté et doré en deux teintes.

27 **Beau cadre Louis XIV,** bois sculpté et doré.

28 **Deux glaces appliques Louis XVI**, bois sculpté et doré.

29 **Deux glaces appliques Louis XVI.**

30 **Lit de repos Louis XV**, bois de noyer sculpté.

31 **Canapé Louis XVI**, à cordons de perles, très jolie forme, bois peint.

32 **Deux grandes bergères Louis XV**, noyer sculpté, fleurs et coquilles.

33 **Beau fauteuil Louis XIII**, richement sculpté.

34 **Très beau fauteuil Louis XIII**, à balustres, richement sculpté, recouvert de cuir gauffré, doré et polychromé.

35 **Beau fauteuil Louis XIII**, sculpté, à balustres, recouvert de cuir gauffré et doré, fond gris.

36 **Deux bergères Louis XVI**, noyer sculpté, à rubans.

37 **Deux chaises Louis XIV**, bois sculpté, sièges cannés.

38 **Deux chaises Louis XIII**, à balustres.

39 **Bergère Louis XIV**, noyer sculpté, recouvert en damas jaune.

40 **Deux chaises Louis XVI**, laquées saumon, décorées de fleurs.

41 **Canapé Louis XV**, bois sculpté et peint, recouvert de de tapisserie au point.

42 **Deux fauteuils Louis XV**, bois sculpté et peint.

43 **Quatre chaises Louis XV**, bois sculpté et peint.

44 **Console Louis XV**, bois sculpté et doré, marbre gris.

45 **Console Louis XVI**, demi-lune, bois sculpté et doré.

46 **Paire consoles appliques Louis XV**, bois doré, sculpté.

47 **Deux bergères Empire**, avec cariatides.

48 **Canapé Louis XV**, recouvert d'une belle étoffe.

49 **Grand fauteuil Louis XIV**, bois sculpté et ajouré.

50 **Table Henri II**, à colonnes, patine blonde.

51 **Glace Louis XV**, bois sculpté et doré.
52 **Coffre à bois**, sculptures gothiques.
53 **Chaise Henri II**.
54 **Dessus de Piano**, étoffe ancienne.
55 **Trois statues Chinoises**, en bois de camphrier, poly-
     chromées et dorées.
56 **Deux chaises Louis XIV**, siège cuir gauffré.
57 **Table Louis XV**, en bois de noyer.
58 **Petite vitrine rectangulaire**, bois noir et doré.
59 **Toile peinte Louis XVI** (environ 25 mètres) attributs,
     rubans et fleurs.

BRONZES,   FERS

60 **Flambeaux Louis XIII**, à godrons (paire).
61 **Flambeaux Louis XIII**, gravés (paire).
62 **Flambeaux Louis XIV**, à coquilles (paire).
63 **Flambeaux Louis XVI**, à guirlandes, argentés (paire)
64 **Flambeaux Louis XVI**, avec attributs pastoraux.
65 **Flambeaux Empire**.
66 **Flambeaux Empire**, dorés.
67 **Flambeaux Empire**, argentés.
68 **Deux candélabres Louis XVI**, en bronze doré, for-
     més de jeunes faunes tenant deux lumières ; socle
     marbre blanc.
69 **Statue**, bronze florentin, xvime siècle.
70 **Chandelier Renaissance Italienne**, décoré de
     mascarons.
71 **Appliques Louis XV**, à deux lumières supportées par
     un amour.
72 **Appliques Louis XV**, bronze doré, à une lumière.

73 **Bougeoir Louis XV**.

74 **Marie-Antoinette**, buste en bronze finement ciselé, recouvert d'une jolie patine.

75 **Pendule Louis XVI**, marbre gris, surmontée du buste d'Homère, en bronze.

76 **Brûle parfums**, ajouré et gravé, bronze persan.

77 **Vase**, ajouré, bronze japonais; très ancien.

78 **Vase**, ajouré, bronze japonais, très ancien, figures en relief.

79 **Coq**, bronze japonais.

80 **Boîte**, émail, cloisonné du japon.

81 **Boîte**, émail, cloisonné du japon.

82 **Vases**, cloisonnés du Japon, fond vert ; anciens.

83 **Plats**, en cuivre du Japon.

84 **Plats**, fer à reliefs, dorés, Japon.

85 **Cigogne**, bronze, genre antique.

86 **Petit vase**, bronze, genre antique.

87 **Mortier**, renaissance, à mascarons.

88 **Chenets Louis XV**, dorés, rocailles avec amours bronzés.

89 **Chenets Louis XIII**, à dauphins.

90 **Chenets Louis XIII**, à dauphins.

91 **Landiers**, en fer, gothiques.

92 **Suspension**, avec têtes d'anges.

93 **Calen Louis XIII**, fer gravé.

94 **Calen Louis XIII**, fer.

95 **Clefs entrelacées**, en fer.

96 **Armet**, casque en fer du xvime siècle.

97 **Coquetiers**, cloisonnés du Japon.

98 **Vasque** en cuivre à godrons, sur pieds en fer forgé.

99 **Épée**, avec poignée armoriée, style Renaissance.

100 **Épée** Louis XV, poignée bronze gravé.

101 **Épée** Louis XV, poignée dorée à filigranes.

102 **Épée** Empire, poignée argentée et nacrée.
103 **Deux bustes** bronze, sur socle marbre.
104 **Jardinière** émaillée, sur pied en bronze.
105 **Chauffe-pieds** cuivre, avec mascarons.
106 **Grande Serrure** Louis XVI.
107 **Cheval Marin**, patère Empire.
108 **Marteau de porte**, fer forgé.
109 **Marteau de porte**, fer forge.
110 **Couteau de chasse**, monture en fer.
111 **Binocle**, monture en fer.
112 **Ciseaux** en fer.
113 **Croix** en fer, avec chaîne.
114 **Pistolet** damasquiné, crosse ivoire.
115 **Tire-bouchon** en fer.
116 **Mercure**, statuette bronze.
117 **Louis-Philippe**, caricature en bronze.
118 **Buste de femme**, bronze.
119 **Chaînette** en acier, Empire.
120 **Presse-Papier** en fer.
121 **Poignée** de canne avec chien.
122 **Cordon** de sonnette, Empire.
123 **Six Médailles** diverses.

BOIS, TERRES CUITES, MARBRES, BIBELOTS DIVERS

124 **Deux assiettes**, cuir laqué.
125 **Boîte** en cuir, avec peintures intérieures sur cuivre.
126 **Piéta**, groupe bois sculpté et doré, xvime siècle.
127 **Christ**, buis sculpté, xviime siècle.
128 **Nymphe et Satyre**, groupe terre cuite, xviime siècle.
129 **La Vierge et l'Enfant**, statuette buis, du xvime siècle.

130 **Saint-Joseph**, statuette buis, du xvime siècle.
131 **Croix**, bois sculpté, avec la Trinité et la Vierge.
132 **Coffret gothique**, bois sculpté.
133 **Coffret** du xvime siècle, monture fer.
134 **Groupe** du xvime siècle. Sainte Anne, la Vierge et
    l'Enfant. Bois polychrome.
135 **Modèle** de chaire à prêcher, bois sculpté.
136 **Plat**. Amours en relief, terre cuite.
137 **Le Christ**, buste terre cuite, école de Puget.
138 **La Vierge**, buste terre cuite.   »   »
139 **Vierge noire**, buste en bois, du xvime siècle.
140 **Appolon**, buste terre cuite.
141 **La Zingara**, buste en terre cuite, de Carrier-Belleuse.
142 **Vénus accroupie**, statuette terre cuite
143 **Vénus de Médicis**, buste terre cuite.
144 **Seigneur et Soubrette**, statuettes terre cuite.
145 **Boudha**, statuette marbre.
145bis **Deux statuettes**, chinoises, pierre verte.
146 **Ivoire Japonais**.
147 **Boîte** incrustée de nacre.

FAIENCES ET PORCELAINES

148 **Buire**, faïence de Savone, décor polychrome.
149 **Buire**, faïence de Savone, décor polychrome.
150 **Écuelle**, faïence de Savone, décor polychrome.
151 **Jardinière**, faïence de Strasbourg, à fleurs.
152 **Cloche à fruits**, faïence de Varages.
153 **Bouquetier** Louis XV, faïence de Marseille (Fauchier).
154 **Bonbonnière**, faïence de Moustier, décor polych.

155 **Trois Tasses**, faïence de Marseille, décor polych., paysages.

156 **Deux paquets d'asperges**, faïence de Marseille, formant boîtes.

157 **Pot à Eau et son Bassin**, faïence de Moustier, fleurs bleues.

158 **Sablier**, faïence de Moustier, décor vert à grotesques.

159 **Petit Pot**, faïence de Moustier, décor polych. à grotesques, très fin.

160 **Dessus de Soupière**, faïence de Moustier, décor polych. à fleurs.

161 **Grand Plat**, faïence d'Urbino, riche décor à chimères et médaillons, cadre en bois sculpté et doré.

162 **Plat** terre vernissée, poterie de Saint-Zacharie, décor gravé dans la terre, représentant Saint Eloi, fond jaune et rouge.

163 **Plaque**, faïence de Moustier. La tentation de Saint Antoine.

164 **Plat** à papillon, faïence de Marseille.

165 **Vase sur piédouche** (paire), genre Marseille, à paysage, décor polych., rehaussé de dorures.

166 **Assiette**, faïence de Moustier.

167 **Deux Assiettes** à trophées, faïence de Moustier, décor polych.

168 **Joli Plat**, faïence de Marseille, V. Perin, décor polych. à fleurs.

169 **Broc**, faïence de Perse.

170 **Madame du Barry**, buste biscuit blanc.

171 **La Moissonneuse**, statuette porcelaine de Saxe.

172 **Éléphant**, porcelaine de Saxe.

173 **Bol à Paysages**, camaïeu carmin, porcelaine de Saxe.

174 **Deux Salières**, porcelaine de Saxe, décor à fleurs.

175 **Vide-poches**, porcelaine de Saxe, décor à fleurs.

176 **Quatre Tasses**, porcelaine de Saxe, décor à fleurs.

177 **Sucrier**, porcelaine de Saxe, décor à paysage carmin.

178 **Bouquetier**, porcelaine de Hoecht, à paysage.

179 **Deux Plats à blason**, porcelaine de Hoecht.

180 **Tasse et sa Soucoupe**, porcel. de Saxe, fleurs en relief.

181 **Deux pots à fard**, porcelaine de Berlin.

182 **Six assiettes**, porcelaine de Berlin, décor de fleurs.

183 **Deux potiches**, porcelaine de Saxe, décor de fleurs.

184 **Deux supports**, porcelaine de Saxe, amours et fleurs en relief.

185 **Deux assiettes**, porcelaine de Sèvres, 1867, à fleurs.

186 **Vide-poches**, faïence de Rouen, poychrome.

187 **Petit chien**, porcelaine de Saxe.

188 **Petits crêmiers**, porcelaine à la reine.

189 **Femme** allaitant son enfant, porcelaine du Japon.

190 **Deux plaques** rondes, porcelaine de Chine, poly-chromes, scènes de théâtre.

191 **Beau plat**, porcelaine du Japon, ornements poly-chromes.

192 **Beau plat**, » » »

193 **Pot à tabac**, porcelaine du Japon, décor rouge.

194 **Bol**, porcelaine vieux Chine, famille verte.

195 **Potiche**, porcelaine du Japon, décor bleu et rouge.

196 **Potiches**, porcelaine vieux Japon, fond violet, forme curieuse.

197 **Potiches**, de Gubbio émail bleu à rinceaux et médail.

198 **Deux statuettes**, porcelaine de Jacob-Petit.

199 **Deux aiguières**, biscuit blanc, fleurs en relief.

200 **Pot à eau** et son bassin, cristal taillé, Empire.

201 **Deux flambeaux**, » »

202 **Verre d'eau**, en cristal, garniture bronze.

203 **Éléphant**, porcelaine de Chine.

TABLEAUX ANCIENS & MODERNES

204 **Rosa de Tivoli**. — Chasseurs et gibiers.
205 »   »   »   »   (pendant du
       précédent.)
206 **Primitif** Italien.— La Circoncision, sur bois, forme
       ronde, cadre sculpté.
207 **Primitif** Italien.—La Messe, sur bois, forme ronde,
       cadre sculpté.
208 **Greuze**. — Tête de femme.
209 **H. Rigaud**. — Portrait de gentilhomme.
210 **Lebrun**. — Portrait d'homme.
211 **Ecole de Lancret**. — La partie d'échecs) dessus de por-
212 »   »   Le Bain   (tes, entoura-
213 »   »   Le Thé   (ges de baguet-
214 »   »   Causerie dans le parc) tes sculptées.
215 **Van Dyck** (d'après). — Portrait de Mme de Mancini.
216 »   »   Portrait d'artiste, cadre bois
217 **Lancret**. — Le repos au bord de la rivière.
218 **Greuze** (attribué)· —Jeune fille à la colombe.
219 **École française.** — Portrait de jeune fille (pastel).
220 »   »   Portrait de jeune dame (pastel).
221 **Inconnu**. — La fermière, intérieur.
222 **Damoye**. — Vaches au pâturage.
223 **Jules Noel**. — Marine.
224 **Monticelli**. — La conversation sous bois.
225 **Marbeau**. — Portrait de femme.
226 **Dury**. — Portrait de jeune fille (pastel).

DESSINS, AQUARELLES, GOUACHES

227 **Moutte.** — Paysanne (dessin à la plume).
228 **Paul Martin**. — Paysage avec rivière (aquarelle).
229 **Loubon**. — Paysage (aquarelle).
230 **Crapelet**. — Une rue au Caire (aquarelle).
231 **Hubert Robert**. — Paysages avec ruines (aquarelle).
232 **Debucourt**. — Le Charlatan (aquarelle).
233 **Granet**. — Intérieur d'un cloître, (encre de Chine.)
234 **Fabian**. — La Naumachie au parc Monceau, fusain.
235 **Ziem**. — Paysage, souvenir de Pologne (aquarelle).
236   »   Le port de Toulon (aquarelle).
237 **Huet**. — Berger et son troupeau (dessin colorié).
238 **Van Dick**. — La vierge aux donateurs (dessin à la sépia) relevé blanc.
239 **Gravelot**. — L'étude (dessin sépia).
240   »   La dispute,   »   »
241 **Le Prince**. — Dame russe (dessin au 3 crayons).
    Inconnu — Vacherie sur les Alpes (aquarelle).
242 **École française.** — Portrait de Louis XVI (pastel).
243   »   »   Portrait de Marie-Antoinette (past).
244   »   »   Portrait d'homme.
245   »   »   Eventail, avec bergerade.
246   »   »   Baigneuse (dessin au crayon).
247 **Prudhon**. — Têtes d'étude (sanguine).
248 **École française**. — Portrait de Mme de Sévigné (dessin au crayon).
249 **École italienne**. — Sainte famille (dessin à la plume) rehaussé de blanc sur fond bleu.
250 **B. Boucher** (école). — Amours à la colombe (sanguine).

251 **Ziem** (d'après), — Vue de Venise (aquarelle).
252 **Isabey** (d'après). — Moulins à vent en Hollande
    (aquarelle).
253 **Le Prince** — Tête de Turc.

GRAVURES

254 **Les Parents vertueux**, grav. en couleur de Bartolozi.
255 **Le bonheur domestique,**   »   »   »
256 **Le départ de l'Amour,** gravure en couleur de Wolff.
257 **Jean d'Orléans,** portrait gravé en couleur par Sergent
258 **Marg. de Valois,**   »   »   »   »
259 **Portrait de Lechevallier,** lithographie, cadre ancien.
260 **Le bonjour**, gravure au pointillé.
261 **Le bonsoir,**   »   »
262 **Vénus liant les ailes de l'Amour**, gravure par
    Schulz.
263 **Le Parc de Claremont**, gravure en couleur par
    Sulterland
264 **La route de Poissy,** gravure en couleur par Debu-
    court.
265 **Marie-Antoinette**, gravure, par Dupin.
266 **Necker,** gravure, par St-Aubin.
267 **Henriette de Lorraine**, gravure de Larmesin.
268 **La Duchesse de Nemours,** gravure de Drevet.
269 **Bonaparte à Austerlitz,** gravure de David.
270 **Bonaparte à cheval,** gravure de David.
271 **Napoléon 1er**, gravure de A. Louis.
272 **Napoléon prêtant serment**, gravure de Duret.
273 **Le Sacre,** gravure de Durer.
274 **Chinoiseries,** deux gravures sur paillons, d'après
    Pillement.